MULTIPLICATION AND DIVISION MATH ESSENTIALS
Children's Arithmetic Books

All Rights reserved. No part of this book may be reproduced or used in any way or form or by any means whether electronic or mechanical, this means that you cannot record or photocopy any material ideas or tips that are provided in this book

Copyright 2016

Arithmetic is the oldest and most elementary branch of mathematics.

MULTIPLICATION

SINGLE DIGIT

1. 8 X 3 = _____

2. 1 X 3 = _____

3. 6 X 5 = _____

4. 1 X 5 = _____

5. 4 X 8 = _____

6. 1 X 2 = _____

7. 7 X 7 = _____

8. 3 X 7 = _____

9. 1 X 6 = _____

10. 3 X 2 = _____

11. 5 X 1 = _____

12. 9 X 1 = _____

13. 6 X 9 = _____

14. 3 X 4 = _____

15. 9 X 1 = _____

16. 3 X 6 = _____

17. 6 X 7 = _____

18. 5 X 1 = _____

19. 2 X 1 = _____

20. 2 X 7 = _____

21. 5 X 3 = _____

22. 2 X 3 = _____

23. 5 X 3 = _____

24. 8 X 5 = _____

25. 1 X 8 = _____

MULTIPLICATION

SINGLE & DOUBLE DIGITS

26. 14 X 3 = _____

27. 19 X 5 = _____

28. 20 X 1 = _____

29. 20 X 3 = _____

30. 11 X 4 = _____

31. 20 X 3 = _____

32. 16 X 2 = _____

33. 17 X 6 = _____

34. 10 X 4 = _____

35. 13 X 5 = _____

36. 25 X 1 = _____

37. 34 X 5 = _____

38. 34 X 2 = _____

39. 21 X 2 = _____

40. 35 X 3 = _____

41. **26 X 5 = _____**

42. **27 X 1 = _____**

43. **33 X 2 = _____**

44. **25 X 2 = _____**

45. **32 X 1 = _____**

46. 36 X 1 = _____

47. 49 X 1 = _____

48. 36 X 3 = _____

49. 44 X 2 = _____

50. 39 X 3 = _____

MULTIPLICATION

DOUBLE DIGITS

51. 19 X 10 = _____

52. 16 X 16 = _____

53. 10 X 11 = _____

54. 10 X 13 = _____

55. 12 X 16 = _____

56. **20 X 18 = _____**

57. **20 X 19 = _____**

58. **19 X 13 = _____**

59. **11 X 20 = _____**

60. **18 X 16 = _____**

61. **17 X 13 = _____**

62. **17 X 20 = _____**

63. **14 X 20 = _____**

64. **16 X 12 = _____**

65. **17 X 10 = _____**

66. 22 X 11 = _____

67. 30 X 14 = _____

68. 28 X 12 = _____

69. 31 X 10 = _____

70. 33 X 14 = _____

71. 34 X 12 = _____

72. 26 X 10 = _____

73. 34 X 11 = _____

74. 21 X 15 = _____

75. 30 X 11 = _____

DIVISION

1. $4\overline{)36}$

2. $10\overline{)60}$

3. $8\overline{)24}$

4. $6\overline{)48}$

5. $4\overline{)20}$

6. $10\overline{)40}$

7. $8\overline{)32}$

8. $5\overline{)30}$

9. $6\overline{)36}$

10. $4\overline{)24}$

11. $8\overline{)64}$

12. $7\overline{)63}$

13. $5\overline{)50}$

14. $3\overline{)6}$

15. $6\overline{)42}$

16. $10\overline{)20}$

17. $7\overline{)42}$

18. $7\overline{)56}$

19. $8\overline{)16}$

20. $4\overline{)32}$

21. 5)35

22. 7)35

23. 6)24

24. 3)15

25. 9)72

26. $8\overline{)80}$

27. $3\overline{)27}$

28. $7\overline{)21}$

29. $8\overline{)56}$

30. $6\overline{)60}$

31. $3\overline{)21}$

32. $8\overline{)40}$

33. $3\overline{)30}$

34. $2\overline{)4}$

35. $10\overline{)90}$

36. $6\overline{)18}$

37. $5\overline{)25}$

38. $7\overline{)14}$

39. $2\overline{)20}$

40. $3\overline{)12}$

41. 9) 27

42. 5) 45

43. 10) 50

44. 10) 70

45. 6) 30

46. $3\overline{)24}$

47. $7\overline{)49}$

48. $2\overline{)12}$

49. $9\overline{)63}$

50. $2\overline{)10}$

51. $9\overline{)81}$

52. $1\overline{)11}$

53. $4\overline{)40}$

54. $6\overline{)54}$

55. $1\overline{)12}$

ANSWERS

MULTIPLICATION

1. 8 x 3 = 24
2. 1 x 3 = 3
3. 6 x 5 = 30
4. 1 x 5 = 5
5. 4 x 8 = 32
6. 1 x 2 = 2
7. 7 x 7 = 49
8. 3 x 7 = 21
9. 1 x 6 = 6
10. 3 x 2 = 6
11. 5 x 1 = 5
12. 9 x 1 = 9
13. 6 x 9 = 54
14. 3 x 4 = 12
15. 9 x 1 = 9
16. 3 x 6 = 18
17. 6 x 7 = 42
18. 5 x 1 = 5
19. 2 x 1 = 2
20. 2 x 7 = 14
21. 5 x 3 = 15
22. 2 x 3 = 6
23. 5 x 3 = 15
24. 8 x 5 = 40
25. 1 x 8 = 8

26. 14 x 3 = 42

27. 19 x 5 = 95

28. 20 x 1 = 20

29. 20 x 3 = 60

30. 11 x 4 = 44

31. 20 x 3 = 60

32. 16 x 2 = 32

33. 17 x 6 = 102

34. 10 x 4 = 40

35. 13 x 5 = 65

36. 25 x 1 = 25

37. 34 x 5 = 170

38. 34 x 2 = 68

39. 21 x 2 = 42

40. 35 x 3 = 105

41. 26 x 5 = 130

42. 27 x 1 = 27

43. 33 x 2 = 66

44. 25 x 2 = 50

45. 32 x 1 = 32

46. 36 x 1 = 36

47. 49 x 1 = 49

48. 36 x 3 = 108

49. 44 x 2 = 88

50. 39 x 3 = 117

51. 19 x 10 = 190

52. 16 x 16 = 256

53. 10 x 11 = 110

54. 10 x 13 = 130

55. 12 x 16 = 192

56. 20 x 18 = 360

57. 20 x 19 = 380

58. 19 x 13 = 247

59. 11 x 20 = 220

60. 18 x 16 = 288

61. 17 x 13 = 221

62. 17 x 20 = 340

63. 14 x 20 = 280

64. 16 x 12 = 192

65. 17 x 10 = 170

66. 22 x 11 = 242

67. 30 x 14 = 420

68. 28 x 12 = 336

69. 31 x 10 = 310

70. 33 x 14 = 462

71. 34 x 12 = 408

72. 26 x 10 = 260

73. 34 x 11 = 374

74. 21 x 15 = 315

75. 30 x 11 = 330

DIVISION

$4\overline{)36}\ = 9 \qquad 10\overline{)60}\ = 6 \qquad 8\overline{)24}\ = 3 \qquad 6\overline{)48}\ = 8 \qquad 4\overline{)20}\ = 5$

$8\overline{)64}\ = 8 \qquad 7\overline{)63}\ = 9 \qquad 5\overline{)50}\ = 10 \qquad 3\overline{)6}\ = 2 \qquad 6\overline{)42}\ = 7$

$5\overline{)35}\ = 7 \qquad 7\overline{)35}\ = 5 \qquad 6\overline{)24}\ = 4 \qquad 3\overline{)15}\ = 5 \qquad 9\overline{)72}\ = 8$

$3\overline{)21}\ = 7 \qquad 8\overline{)40}\ = 5 \qquad 3\overline{)30}\ = 10 \qquad 2\overline{)4}\ = 2 \qquad 10\overline{)90}\ = 9$

$9\overline{)27}\ = 3 \qquad 5\overline{)45}\ = 9 \qquad 10\overline{)50}\ = 5 \qquad 10\overline{)70}\ = 7 \qquad 6\overline{)30}\ = 5$

DIVISION

$10\overline{)40} = 4$ $8\overline{)32} = 4$ $5\overline{)30} = 6$ $6\overline{)36} = 6$ $4\overline{)24} = 6$

$10\overline{)20} = 2$ $7\overline{)42} = 6$ $7\overline{)56} = 8$ $8\overline{)16} = 2$ $4\overline{)32} = 8$

$8\overline{)80} = 10$ $3\overline{)27} = 9$ $7\overline{)21} = 3$ $8\overline{)56} = 7$ $6\overline{)60} = 10$

$6\overline{)18} = 3$ $5\overline{)25} = 5$ $7\overline{)14} = 2$ $2\overline{)20} = 10$ $3\overline{)12} = 4$

$3\overline{)24} = 8$ $7\overline{)49} = 7$ $2\overline{)12} = 6$ $9\overline{)63} = 7$ $2\overline{)10} = 5$

$9\overline{)81} = 9$ $1\overline{)11} = 11$ $4\overline{)40} = 10$ $6\overline{)54} = 9$ $1\overline{)12} = 12$ $2\overline{)24} = 12$

www.ingramcontent.com/pod-product-compliance
Lightning Source LLC
LaVergne TN
LVHW082254070426
835507LV00037B/2283